義を
あきらめない

浜　矩子、柳澤協二、内橋克人

岩波ブックレット No. 937

グローバル時代の救世主、それが日本国憲法

――正義と平和が出会う時

浜　矩子

「ドアホノミクス」

本題に入る前に、どうしてもここで、これだけは言っておきたいということが一点ございます。それはどういうことかと言いますと、「グローバル時代の救世主」ならぬ「グローバル時代の疫病神」というか「命取り」になろうとしている、そして、「正義と平和の出会い」の前に立ちはだかる最大の壁となろうとしている存在、それが、残念ながら、この日本の安倍晋三政権であると言わざるを得ないと思います。

そして、なかんずく、その彼らが展開している経済政策であるところの、いわゆる「アベノミクス」なるものが、その中で非常に大きな位置を占めているわけです。その中身がどういうものかというのはこれから申し上げてまいりますが、このいわゆるアベノミクスというものにそういった位置付けがあることを、われわれは今、しっかり見据えておかなければいけません。

ここから先が、まずは言っておかないと気が済まないという部分ですが、私はこのアベノミクスという言葉が世の中に出現した当初から、この言葉が大嫌いでして、何とかこの言葉を使わずに、安倍政権の経済運営についていろいろ批判をしていきたいとかれこれ考えているうちに、あ

る時ふと思いついてしまいました。「アベノミクス」ならぬ「アホノミクス」でございます。

このアホノミクスという言葉を思いついた当初においては、いくらなんでもこれはちょっと品が悪すぎるかなと思いまして、それなりに遠慮がちに小さめな声でつぶやいたりしていました。しかし、時の経過とともに次第に、もはやこれは遠慮なぞをしている場合ではないと思うに至りまして、ある時からは何の遠慮も会釈もなく、このアホノミクスを声高に連呼するようになったわけです。

そしてそのうち、単なるアホノミクスではちょっと飽き足りないという状況になりまして、ある時からはアホノミクスの「ア」の上に「ド」を付けるという、そういうところまで私の認識は深まっているという次第です。

最近に至りましては、今申し上げたような説明ですとか、「アベノミクスすなわちアホノミクス」とか、そういう言い方を一切やめてしまって、ごく当たり前のように、最初からこの「アホノミクス」という言葉しかなかったかのごとく、アホノミクス、アホノミクスと連発する方針に切り替えています。

このような方針転換をしているのには、実は一つ魂胆がございまして、それはどういうことかというと、私がこういった調子でアホノミクス、アホノミクス、アホノミクスと言い立てておりますと、ある日ある時、テレビやラジオのニュース番組でニュースキャスターの方が、思わず「アホノミクス」と言ってしまうという、そういう時が到来することを心待ちにしてやっているということでございます。

さらに願わくば、ご本人も、あるとき思わず「アホノミクス」と言ってしまうという、その時を楽しみに日夜頑張っているという次第です。でき得るなれば、皆さまにもぜひご協力をいただきたいと思います。どうかよろしくお願いいたします。

天の国で実現しうること

さて、そのアホノミクスが行く手を阻もうとしている「グローバル時代の救世主たる日本国憲法――正義と平和が出会う時」というお話をしたいと思いますが、まずは副題として掲げた「正義と平和が出会う時」という言い方で何を言おうとしているのか、この辺りから入っていきたいと思います。

実はこの「正義と平和が出会う時」という言い方は、キリスト教の聖書――聖書には旧約聖書と新約聖書がございますが、その旧約聖書の中に出てくる一つのフレーズからヒントを得て使っております。新約聖書は、イエス・キリストが出現したのちの展開が語られています。旧約聖書はそれ以前の世界で、ユダヤ教の世界です。その旧約聖書の中に、神の国をたたえる歌を集めた「詩篇」という章があります。

その詩篇の中に、こういう一節がございます。「慈しみとまことは巡り会い、正義と平和は抱き合う」。

この一節をさらっと聴けば、ああ、なるほど、美しい言い方だな、ということで済んでしまう感じもあります。でも、やや一呼吸置いてじっくり考えてみると、意外とこの「慈しみとまことは巡り会い、正義と平和が抱き合う」というのは大変なことだな、と気が付いてまいります。

これはまさに天の国だから、それが実現し得るということであって、われわれが住んでいる現実の日々の中においては、「慈しみとまことはめぐり合う」どころか、どちらかといえば「すれ違い」、そして「正義と平和は抱き合う」のではなくて「いがみ合う」というふうになってしまうのが、実はわれわれ人間たちの現実的な姿ではないでしょうか。

われわれの現実世界

「慈しみとまこと」ということですが、「自分のまことはこれだ」と固く固く信じている人たちが、自分とは全く違う「まこと」を抱いている人に対して、慈しみを持って相手のまことに思いを馳せるということが、果たしてどれぐらいできるでしょうか？

自分の思想・信条に対してまことを尽くそうという思いが固ければ固いほど、自分とは違うまことを持っている人に対して、慈しみを持ってめぐり合うというのは、相当程度難しい。並大抵のことではないと言えると思います。

いわんや「正義と平和が抱き合う」ということですが、正義と平和についていえば、まさにある人の正義と、別の人の全く別の正義が相対峙した時に、そこに出現するのは決して平和ではありません。往々にして正義と正義のぶつかり合いは、戦争をもたらす。そういう現実をわれわれは日々目の当たりにしているという面が、非常に濃厚だと言えると思います。

一番典型的に、この歴史の中で正義と正義がぶつかり合うと何が起こるかということをわれわれに示し続けてくれて今日に至っているのが、まさにイスラエルという国とパレスチナの人々の衝突と戦争の歴史だと言えるわけです。くわえて、近頃になってからは、われわれにとって非常に生々しい、そして得体のしれない脅威といった位置付けになってしまっている、いわゆる「イスラム国（ＩＳ）」を名乗る人たち。

彼らにとっては、彼らの正義を貫くためには、決して平和を追求するということはあり得ません。彼らの正義と彼ら以外の人々の正義の間には、衝突と戦争、殺し合いしかないということになっているわけです。

かくして、人間の世界においては、「正義と平和が抱き合う」ことがいかに難しいことか、「慈しみとまことがめぐり合う」ことがいかに大変なことであるか、ということにふと思いが至るのです。

真の平和追求手段としての憲法

その正義と平和を決していがみ合わせることなく、抱き合わせるという決意、覚悟、思い――それがまさに、第九条に代表される日本国憲法というものの基本的な、根源的な考え方であると思います。日本国憲法はその設計として、そこに託されている思いとして、「慈しみとまことがめぐり合う」「正義と平和が抱き合う」という方向感を持っている――それがこの日本国憲法であるということを、私は非常に強く感じます。

そうした意味で、このチーム・アホノミクスの大将が好んで使われる「積極的平和主義」という言葉がありますけれども、これは、言い換えれば「積極的戦争主義」ということなのです。彼らが「平和」という言葉を使った時は、それを自動的に「戦争」と言い換えますと、筋がとてもよく見えてきます。そうした発想を持っている人々なのです。

けれども、本当の意味での積極的平和主義を貫くというのであれば、そのことはとりもなおさず、今の日本国憲法をこのままのかたちで堅持し続けるということだと思います。われらの日本国憲法ほど積極的に平和を追求しているものはないと言えます。

そういう意味で、この憲法を守り抜くということは、日本人であるわれわれが、まさにグローバル時代、グローバルな社会に対して担っている社会的責任であると言えます。それと同時に、この憲法を守るという役割を担うことができる、これほど素晴らしい使命がわれわれに与えられていることの幸せを嚙みしめないといけないと思っています。

多様性と包摂性の出会い

では、正義と平和が首尾よく抱き合うことができるためには、どういった条件が整っていなければならないのでしょうか？　この辺りが、「グローバル時代の救世主としての日本国憲法」というところにつながってくるお話でございます。

私が思いますに、正義と平和が出会うためには、もう一つ別の出会いが成り立たないといけないだろうな、ということです。正義と平和が抱き合う場所、それはどのような場所であるかというと、すなわち、多様性と包摂性が出会う場所ということだと思います。正義と平和を抱き合わせるためには、われわれは多様性と包摂性が出会う場所に行かなければいけない。

多様性という言葉は別段説明を要しない言葉ですが、包摂性という言葉、あまり日常的に使う言葉ではないのですが、抱きとめる力を意味する言葉です。お互いに抱きとめ合うことができるという状況の中においてでなければ、正義と平和を抱き合わせるということはまずできないと思います。相異なる思いや心情を抱いた多様なる人たちが、お互いに相手を包摂性、度量の広い抱きとめの思いを持って受け止める——そういう世の中でなければ、決して正義と平和を抱き合わせることはできないということです。

こういった意味で、この多様性と包摂性の出会いが非常に重要になってくるのですが、この多様性と包摂性の出会いというイメージも、また、日本国憲法の中には明示的に織り込まれているものであると思います。

なぜならば、この日本国憲法の前文において、「日本国民は……諸国民との協和による成果と、わが国全土にわたつて自由のもたらす恵沢を確保し」とありますように、われわれは諸国民との協和を目指すことが書かれています。そして、多様な一人一人の個人の人権が尊重されなければいけないということも語られています。

すなわち、多様なる、相異なる個性を持った者同士が協和する、ともに平和に生きるということが、憲法の文言として語られているわけでして、多様性と包摂性の出会いという方向感というものもまた、非常に明示的に、そして根源的なところで日本国憲法の中に据えられていると言ってよろしいかと思うのです。

一人では生きていけない時代

では、そのような日本国憲法が、なぜ「グローバル時代の救世主」なのかというところですが、それは、非常にシンプルなことです。われわれが今生きているグローバル時代というのは、人・もの・カネが容易に国境を越えるということで、さまざまな出会いがある時代です。つまり、さまざまな多様なるものが出会い、そして、お互いに働きかけていくという時代です。これほど多様なるものがこれほど多様なかたちで出会うという時代は、いまだかつてなかったであろうと思います。

したがって、その多様性にこの包摂性というものが加味されないと、非常にギクシャクしたものがそこで生まれてしまうという恐れも内包しているのです。つまり、グローバル時代とはその本質において、実は誰も一人では生きていけないという時代でもあるのです。

グローバル時代がいかに、誰も一人では生きていけない時代であるかということを、われわれに本当に痛切なかたちで示してくれたのが、東日本大震災が起きてしばらくして判明した一つの事実でした。

あの震災の結果として、福島県の一つの小さな部品工場が操業停止に追い込まれることになりました。もちろんそういう憂き目を見ることを強いられた中小零細企業はたくさんあったわけですけれども、その小さな部品工場が福島の片隅で操業停止に追い込まれたことの結果として、グローバル経済の中で何が起こったかというと、世界中で自動車生産が止まるという展開だったのです。

アメリカでもヨーロッパでも、大手自動車メーカーたちのアジアの生産拠点においても、その小さな部品工場が操業できなくなったことの結果として、自動車生産が行き詰まったのでした。大手の自動車メーカーといえば、まさにグローバルな舞台における最大にして最強のものという位置付けを持っている企業ですが、そのような最大にして最強のものといえども、最小にして最弱なものの支えを得なければ生きながらえていくことができない。かくのごとく、グローバル時代は誰も一人では生きていけない時代でございます。

であればこそ、この多様性と包摂性の出会いがきちんと確保されないと、とんでもない方向に向かっていってしまうのです。そういう時代であればこそ、誰も一人では生きていけないという現実をわれわれがみんなで受け止めて、グローバル時代を他の人々のために、相手のために、ひいては自分のために、うまく回っていく時代にしていくということがまさに、この日本国憲法の考え方なのです。

そして、そういうことは、日本国憲法の精神がそれこそグローバルに幅広く浸透してこそ実現していくのだと思います。

まさにグローバル時代の到来を待っていたかごときものの考え方が、日本国憲法の中に確立されているという、驚くべきものをそこに感じます。もはや時代遅れの憲法であるとか、押し付け憲法だとかいうような言われ方をいたしますけれども、そんなことは全くない。むしろ、今の時代になる前から、今の時代を、そして未来をも受け止めることのできるようなフレームとして日本国憲法が存在していたということを、われわれは本当に感謝しなければいけないのだろうと思います。

「取り戻したがり病」

ところが、このような多様性と包摂性の出会い、正義と平和の抱き合い、日本国憲法が救世主となるはずのグローバル時代のあり方というもののゆく手に大きく立ちはだかっているのが安倍政権であり、その経済政策であるアホノミクスです。では、なぜアホノミクスはアホノミクスなのか？　アホノミクスのアホノミクスたるゆえんはどこにあるのでしょうか？　そして、それがなぜ、誰も一人では生きていけないグローバル時代にとって驚くべき脅威になるのか、その辺りに話を進めたいと思います。

私は、チーム・アホノミクスの面々、なかんずく大将が一番問題ですが、彼らは実は、ある一つの非常に厄介な病にかかっていると思います。この病があるがために、アホノミクスはアホノミクスになってしまっている。アホノミクスのアホさ加減は、彼らを侵しているこの病の結果であると思うのです。その彼らが取りつかれてしまっている病に名前を付けるとすれば、どういう名前になるかというと、それは「取り戻したがり病」です。

この安倍政権が二〇一二年一二月に再び登場した時、彼らの主要なスローガンとして前面に出ていた言葉、それがすなわち「日本を取り戻す」という言葉でした。私はその「日本を取り戻す」というスローガンを見た時から、非常にこの言葉に引っ掛かりを感じました。そもそも、ものすごくこれは後ろ向きの言葉だなと感じてしまいました。

まさに、かつて持っていたが今失ってしまっているものを取り戻したいということですから、そういうことを言う人の視線は常に後ろ向きであるわけです。過去を見ている。今を直視する、その延長線上にある未来に向かって目を馳せているという面が決してない。

そのように気になっていたのですが、もっと具体的に踏み込んだところで、彼らは何を取り戻したがっているのか、日本を取り戻すと言って、それはどういう日本を誰から取り戻そうとしているのか、そういうことを疑問に思ったのです。しかしそのことも、時の経過とともによく見えてきました。

何を取り戻したいのか？

この取り戻したがり病は、実は日本の安倍政権だけに固有の病ではなさそうなんです。誰も一人では生きていけないというグローバル時代の実態に逆らおうとする、自分だけが生き残りたいという思いの強い人たちが、取り戻したがり病に感染するのだなと思います。例えば、ロシアのウラジミール・プーチン大統領。彼が取り戻したがっているのは帝政ロシア時代なのかもしれません。

その線で行けば、このチーム・アホノミクスの大将が取り戻したいのは、大日本帝国であろうと思えます。彼は盛んに「戦後レジームからの脱却」と言われますが、戦後レジームから脱却するということは、要するに戦前に戻るということであり、それはすなわち大日本帝国を取り戻すということだろうと考えられるわけなのです。

「取り戻す」が示しているからくり

二〇一四年年頭の安倍首相の「総理年頭所感」という、総理大臣によるお正月の国民に対するご挨拶ですが、その中で彼は、「取り戻す」という言葉を三回使いました。

一回目は「強い日本を取り戻す」という言い方でした。当初の二〇一二年の政権公約の段階では、単に「日本を取り戻す」だったのですが、それが二年後には「強い日本を取り戻す」という言い方になっていました。

そして、所感での二回目の「取り戻す」は、「強い経済を取り戻す」ということでした。そして三回目に出てきた「取り戻す」は、「誇りある日本を取り戻す」という言い方でした。「強い日本を取り戻す」「強い経済を取り戻す」「誇りある日本を取り戻す」――こういうかたちで「取り戻す」が三拍子そろい踏みをするというと、大体考えていることは分かってきたなという感じを持ちます。すなわち、強い経済を取り戻すことによって、強い日本を取り戻すことができれば、誇りある日本を取り戻すことができる、というところでございます。

ここで、この「強い」ということと「誇りある」ということが完全に結び付いているということも、われわれは注目する必要があると思います。強くなければ誇りを持つことができない、という発想になっているわけです。これは、私は非常に貧困な発想である、あるいは幼児的な発想であると思います。「ボクちゃん強いの」と言わないと誇りを持てないということの感じは、実に幼児的凶暴性のなせる業かと思うのです。

そして、そのような強い日本を取り戻すためには強い経済が必要であるということです。すなわち、このアホノミクスというものは、強い日本国を作るための土台となる強い経済を作るための政策パッケージであるということです。決して決して、日本の人々がより幸せになれるような経済を作る、皆さんのためによりうまく回っていくような経済を作ると、そういうことをこのアホノミクスは狙っているわけではないのであって、強い日本国を作るための強い経済を作る、そこに唯一にして最大の眼目があると理解すべきところだと思います。

アホノミクスの実態

要するに、この大日本帝国を取り戻すために、アホノミクスをもって富国を実現し、憲法改正をもって強兵を実現する、ということであるわけです。富国強兵路線をひた走ることによって大日本帝国にたどり着く――そういうシナリオで物事が考えられているのだな、と非常につくづく感じるところです。

したがって、アホノミクスというものは、日本経済が全体としてうまくいくようになるというようなことを本気で追求しているものではありません。よく言われるのが、「強いものをより強くし、そして大きなものをより大きくするということをさしあたり追求していけば、そのことに伴う恩恵が全体に広がる。これをトリクルダウン効果と言うんだ」というようなことですが、実は彼らの本音として見れば、強いものさえ強くなればいい。大きいものさえより大きくなればいい。そのことが強い経済を取り戻すことにつながりさえすれば、弱者はどうなってもいい。格差問題なぞはどこ吹く風、ということであって、全体に恩恵が広がるためにはまず強いところを強くしないと、とかいうようなことを本気で考えているのではない。そういうことを、われわれはちゃんと見抜いておく必要があると思うのです。

そういうかたちで、強い日本を取り戻すということに向かってすべてのエネルギーを集約しようという方向感を持っている彼らの姿を見ると、取り戻したがり病というものの本当の空恐ろしさというのがつくづく見えてくるなという感じを持ちます。

国家と国民、逆転の構図

この取り戻したがり病という病気にかかると何が一番問題なのでしょうか？

取り戻したがり病がもたらす症状として一番気を付けなければいけないものは、それはすなわち、考えてはいけないことを考えるようになる、ということだと思います。考えてはいけないことを考えるようになるがゆえに、アホノミクスのような政策を振りかざすことになってしまうのです。

そして、今彼らが考え始めてしまっている考えてはいけないことは何かといえば、それはすなわち、国民国家というものにおける国民と国家の関係を逆転させるということであると、私にはそう思えて仕方がありません。

通常の、正常な国民国家、近代的、民主主義的な国民国家における国民と国家の関係というのは――本当に言うまでもありませんが――国家あるいは政府というものは、国民に奉仕するために存在する機関、仕組みであるということです。まともな国民国家において、国家というものは、国民を唯一にして最大の顧客、お客さまとするサービス事業者であるわけです。

それが国家というものの役割であって、その最大のお客さまに対して、どれだけの顧客満足度を提供することができるか否かによって、国家というものの存在意義が決まります。われわれは、彼らがレベルの高いサービスをわれわれに提供してくれるということを前提に、税金を払って、国家というものを養っている。それが、近代的民主主義的な国民国家における、国民と国家の契約関係であると言えるのです。

けれども、この関係を完全に逆転させて、国家のために国民が奉仕する、強い日本国を作るために国民がお国のために頑張らなければいけない、しかもアメリカに従属したかたちでそういう構図を彼らは作り上げようとしているのです。

「お国のために奮励努力」

先ほどは総理年頭所感をご紹介しましたが、もう一つ、私が注目した政府文書は、二〇一四年六月末に発表された「日本再興戦略二〇一四年版――未来への挑戦」というものです。首相が議長を務める産業競争力会議のもとでまとめたこの文書の中にも「取り戻す」という言葉が出ています。

そこにおいて、面白いことに、この「取り戻す」という言葉はもう一つ別のキーワードと結び付いているのでした。そのもう一つのキーワードが何であったかというと、「稼ぐ力」という言葉でした。

「日本の「稼ぐ力」を取り戻す」というのが、この日本再興戦略の大きなテーマになっていたのです――言葉の好みの問題かもしれませんが、この「稼ぐ力」という言い方が実に何とも品がない、身もふたもないではないか、という感じを非常に強く持ったのですけれども。

そこで一つ分かったことは、「強い経済を取り戻す」と言っている時に彼らが追求しているのは、「稼ぐ力が強い経済」ということなんだな、ということです。要は、「儲かればいい」という発想です。

それはそれとして、日本の稼ぐ力を取り戻すために何をどうしなければいけないかということが、日本再興戦略の中で語られているのですが、問題はその語り口です。言葉の使い方、口調、そこに私は非常に怖いものを感じました。

どういうことかというと、日本の稼ぐ力を取り戻すためには、生産性の向上が必要、国際競争力の強化を進めなければならない、技術開発をガンガン推進しないといけない、というようなことが言われているのですが、それらの課題について、彼らの言い方としては、これらの生産性の向上や競争力の強化といったテーマを、企業経営者をはじめとして国民一人一人が自分の問題として受け止めて、自分に託された課題だと思って追求すべし、といったふうなのです。

すなわち、「そういうことをあんたらはやらなければ、日本に明日はないと思え」というような説教を垂れている印象を受ける文章です。再興戦略には最初の方に、「経営者をはじめとする国民一人一人が、「活力ある日本の復活」に向けて、新陳代謝の促進とイノベーションに立ち向かう「挑戦する心」を取り戻し、国はこれをサポートするために」と書かれています。

国民一人一人が、この日本の稼ぐ力を取り戻すことに向かって、自分の課題として追求していかなければいけない。これらの課題達成に向かって総員奮励努力せよ、と、あたかもそう言わんがごときものの言い方で畳みかけてくるわけです。「日本再興戦略」とはそういう性格の文書なのです。

さすがに実際には「総員奮励努力せよ」と書いてあるわけではないのですが、あたかも「お国のために」、強い日本国になるために、国民総員奮励努力せよという言い方になっているイメージがふつふつと伝わってきてしまう。

こうした日本再興戦略という文書の中に、国民と国家の関係を逆転させるという、これぞまさに全く考えてはいけないことをこの人たちは考え始めているということがにじみ出ているのを感じて、背筋が寒い思いをした次第です。

「奪い取りたがり病」の恐ろしさ

こういう方向感を持っている取り戻したがり病に取りつかれたチーム・アホノミクスは、まさに誰も一人では生きていけないグローバル時代というものの本来のあり方に対して、本当に大いに邪魔になる存在であるということが、如実にここに表れていると思います。また、そのような発想を持っていれば、決して決して、正義と平和が出会う場所を作ることはできない、多様性と包摂性を抱き合わせることはできないと思います。

さらに言えば、この取り戻したがり病というのは本当に恐ろしい病気で、今申し上げたような国民と国家の関係を逆転せしめようとする、それ自体がとても本源的に怖い病です。加えて、取り戻したがり病のもう一つの怖さは――これも決して見落としてはいけないと思いますが――必ずや、「奪い取りたがり病」に通じるということです。

自分が何かを取り戻したいと言えば、それは必ず、誰かから何かを奪い取ることにつながるわけです。それは領土であったり、資源であったり、あるいは市場であったり、いろいろあるわけですが、奪い取りたがり病にどうしてもつながってしまいます。

そのような性癖を持っている人間たちには、決して正義と平和を出会わせることはできません。すなわち、こうした人々によっては、決して多様性と包摂性が出会う場所に到達することはできないのです。

憲法を支える三つの道具

では、正義と平和を抱き合わせる、多様性と包摂性が出会う場所に到達することができるために、われわれはどういう条件を整えて、どのような道具を持っている必要があるのでしょうか？

私は、必要な道具が三つあると思っています。それらの三つの道具は、耳と目と手です。どのような耳、どのような目、どのような手かといえば、耳はまず、傾ける耳。人が言うことをきちんと傾聴することのできる耳です。自分とは違うまことを持っている人のまことも聴き取ることができる、そういう傾ける耳。

それから目。いかなる目かといえば、それは涙する目。人の痛みを自分の痛みとして受け止めることができて、人の苦しみ、悲しみを思って思わず涙する、いわばもらい泣きをすることのできる目。そういう目です。

そして最後に手。いかなる手かというと、それは差し伸べる手。窮地に陥っている人たちをそこから救い上げるために差し伸べる手です。

そういう、傾ける耳と、涙する目と、差し伸べる手――これらのものをわれわれがきちんと身につけているならば、誰も一人では生きていけないグローバル時代を支えていく力を持つことができると思いますし、そして、これらの三つを持っている人たちは、まさに日本国憲法というものを、揺るぎない自信を持って差しかざしていく人々でもあると思うわけです。まさにわれわれが、その担い手になっていかなければいけません。

ちなみに、この傾ける耳、涙する目、差し伸べる手という三つのものは、考えてみれば、チーム・アホノミクスの面々が最も持っていない三つのものだと言えると思います。彼らの耳は「聞く耳持たずの耳」、彼らの目は「涙枯れし目」、彼らの手は差し伸べる手ではなくて「奪い取る手」――まさに取り戻したがり病でございますから、奪い取る手です。

そういう彼らの手に日本国憲法が決して落ちてしまうようなことがないように、それを阻むことがわれわれの使命だと思います。傾ける耳と、涙する目と、差し伸べる手を十二分にお持ちの皆さんの力によって、どうか取り戻したがり病のやつらを蹴散らかして、正義と平和が――正義と平和が抱き合うところに行くのに「蹴散らかして」とか言ってはちょっといけないんですけれども——抱き合う大地に一緒に行けますように。そして、そこには、その大地には、日本国憲法があるのです。

集団的自衛権はなぜ間違っているか

柳澤協二

元防衛官僚としての矜持《きょうじ》

去年(二〇一四年)、自民党に呼ばれてお話をさせていただいた時に、昔から顔なじみの国会議員の方に怒られました。「おまえは以前、政府高官をやっていた。その政府高官の肩書きを使って政府を批判するとは何事か」と。

ただ、私がいた頃の政府は、「集団的自衛権行使容認」などとは言っていなかった。私は、防衛官僚としてお仕えしてきた歴代自民党政権のときの、小泉純一郎、福田康夫、麻生太郎の各政権時の公式見解をキープしているだけで、私自身は変わっていないんです。あなたたちが変わった、ということなんですけれども、あまり大勢が一度に変わってしまうと、もともとの場所にいた私が勝手に左のほうに動いたようになってしまうんですね。

ですから、その辺りがちょっと違うなと思いながら、それなりにストレスも覚えながら、しかし、これは言わないと、まさに税金で官僚をずっとやらせていただいた、その官僚としての職業的な使命感から今、発言しているんです。

自分のやってきたことは何なのだろうということをちゃんと考えて、自分なりに総括できれば、それを国民にお返しする。これがプロフェッショナルとしてのアフターケア、アフターサービスだろうと私は思っております。

戦闘突入事態もありうる武器使用の拡大

この春（二〇一五年四月）に改定された「日米防衛協力のための指針（ガイドライン）」を読みました。私は前回の一九九七年のガイドライン作成当時には、防衛庁（現防衛省）の担当者として関わったのですが、その私の目から見ても、今回のガイドラインにはかなり大変なことが書かれているなと思います。

まず、大きく三つのポイントがあります。①地理的制約をなくす（量的拡大）、②武器使用の拡大（質的変化）、③平時からの切れ目のない米艦防護（シームレスな戦闘への参入）です。

最初の「量的拡大」についてですが、これまでのガイドラインで使われていた「周辺事態の協力」などの「周辺」という言葉をやめて、「日本に影響を及ぼす事態は地理的には定義できない」として、自衛隊の活動範囲の地理的な制約をなくしました。私は「定義できる」と思うんですけれど、これを作った人はできないと思っているのでしょう。

そして、私が注目しているのは次の「質的変化」、すなわち、自衛隊の武器使用のあり方が変わるということです。これはものすごく大きなことです。

一つは、「平時」からの話ということで申し上げると、例えば、自衛隊は今でも、国民から預かっている武器を奪われないように、奪われそうになった時には合理的な、必要な範囲で武器を使用してもいいという規定があります。

今回の改定は、この規定を広げて、アメリカの船まで守れるようにしたんです。それも「平時の規定」としてですよ。そして、アメリカの船を襲いに来るのは当然現場での話ですから、現場の判断で必要だと認めた時には武器を使ってもいい。それをするとつまり、アメリカ軍と同じROE(Rules of Engagement、交戦規定)、同じ武器使用基準になるということです。

かつて第一次安倍晋三政権の時に、総理の私的諮問機関である安保法制懇(安全保障の法的基盤の再構築に関する懇談会)というのがあって、その時にいくつかの類型が出されました。その最初に出されたものが、日本近海にいるアメリカの船が第三国に襲われそうになった時に、日本は集団的自衛権を行使しないとこれを助けることができない、それでいいのか、という問題提起でした。今回の「武器使用の拡大」はまさにこれなんです。これを、平時からの警察権のようなかたちで、現場の判断としてやろうとしているわけです。

私が当時、安倍さんに申し上げたのは、「総理、それは、自衛隊法九五条という規定があって、自分の武器を守るためだったら現場の判断で武器使用できるようになっているのですから、憲法解釈を変えなくても、本当に必要な時はやれますよ」ということでした。そうした経緯はあったのですけれども、あらためてこのようになってみると、これは大変なことだなと思います。

つまり、アメリカ軍と同じROEで海上自衛隊が行動する、ということです。アメリカの船が攻撃されたら、現場の判断で自動的に戦闘に入っていくという、そういう話になってしまうんです。まさに政府の言う「切れ目のない/シームレスな対応」ということであり、「切れ目なく/シームレスに」戦闘状態に入っていくことができる、そういう法制だということです。

自衛隊員が相手を殺害してしまったら？

もう一つ、海外に派遣された自衛隊が、任務遂行のために武器使用ができるようになります。今までは、道路の補修や貨物運搬など、その活動自体は武器を使わなくてもできる仕事しか自衛隊は与えられてきませんでした。しかも、その活動範囲は「非戦闘地域」であったわけです。

この活動範囲については、よく分からないと言われたこともありました。イラクに自衛隊を派遣する時に小泉総理は、最後には、「自衛隊がいるところが非戦闘地域なんです」というお答えもしなければいけませんでした。

そういった概念でしかありませんでしたけれども、自衛隊をできるだけ戦場から離しておこうという思いがあったんです。それで、そういう場所で、それ自体武器を使わなくてもいい仕事に限定していました。ですから、自衛隊は他国と同じ武器使用基準を持っていなかったんです。

それが今度は、他国の軍隊と同じ武器使用基準で銃が撃てるようになる。つまりこれは、両方合わせて、平時からアメリカ軍と同じ武器使用ができる、海外に行けば他国の軍隊と同じ武器使用をする、ということです。そうなりますと、もう自衛隊は「専守防衛」ではなくなります。「普通の軍隊」になってしまうということを言っているわけです。

さすがにここまで行くと、現行憲法で許されることなのか、という問題になりますが、その手前の議論がまだあるんです。これで自衛隊が普通の軍隊になってしまったとして、武器使用の結果、自衛隊員が相手を殺してしまった場合にはどうするんですか、という問題です。

海外で自衛隊が武器を使用する時の法律の立て方は、「警察官職務執行法」を下敷きにしています。それは、これこれの目的のために合理的に必要と認められる範囲で武器を使用することはできる、ただし正当防衛、緊急避難の場合を除いては相手に危害を加えてはならない、という規定です。この規定下で、自衛隊は事実上の戦闘をするわけです。

そうしますと、隊員が殺される分には仕方ないけれども、隊員が相手を殺した場合にはどうなるんでしょうか？　つまり、その殺害のケースは合理的に必要な範囲であったのか、正当防衛、緊急避難であったのか、ということが問われるわけです。

軍隊というものの何が一番特徴的であるかというと、戦時において相手を殲滅《せんめつ》する組織であるということです。つまり、人を殺す、ものを破壊する。こうした行為は、普通の生活では犯罪です。しかし、軍隊が戦時にやる行為は犯罪にはなりません。そうした、日本国憲法にはない別の法体系があって、そのもとで動く。それが軍隊なんです。

ところが、そもそも、日本国憲法のもとでは軍隊はありません。軍人もいないんです。自衛隊という特別な組織がありますが、これは特別職国家公務員の集団なのであって、自衛隊員は軍人ではありません。

そうした自衛隊員が、戦場で相手を殺した場合にはいったいどうなるのでしょうか？　彼らを誰が裁くのでしょうか？　誰が起訴・不起訴を決めるのでしょうか？　撃った本人はどう扱われるのでしょうか？　今回のガイドラインの改定では、こういう問題が出てきてしまうんです。

ですから、そういうことの元になるような武器使用は、今の憲法下ではやっぱりできないよね、というのが、ガイドラインを読んだ私の、非常に率直な感想であります。

アメリカの要請を断れない危うい仕組み

もう一つのガイドラインの特徴ですが——これはなかなか、普通の人は読まないような箇所なんですが——「平時」を強調しているんです。平時からの調整メカニズムを動かそうということが書かれています。

さきほどの、「アメリカ軍と同じＲＯＥで動く」ということは、現場における作戦面のアメリカとの一体化です。こちらの「平時からの調整メカニズムを動かす」ということは、つまり政策的なアメリカとの一体化ということです。さらに、「共同計画」を作ろうということも書かれています。

一九九七年に作成された従来のガイドラインは、おもに朝鮮半島有事を想定して、日本周辺で武力衝突が起きた場合の自衛隊とアメリカ軍の役割分担を定めたものです。

朝鮮有事の事態には、日本をベースにしてアメリカ軍が韓国を助けに行く。その時に日本は、日本本土の基地間での輸送や受け入れ業務、あるいはせめて公海上での物品運搬のような支援をしましょう。このように、国内における後方支援を日本は担うということで、ガイドライン——アメリカ軍を支援するための枠組み——ができていました。

ところが、今度のガイドラインは、何の事態に対するガイドラインなのかが分かりません。世界中どこで何が起こっても、何がしかのことを日本はやれるということだけが謳われています。

たしかに「重要影響事態」とか「存立危機事態」とか、法律上の用語としてはありますけれども、それは具体的な事態とはなりえません。具体的な実態というのは、例えば、「中東のＩＳＩＬ（「イスラム国」）事態」とか、「ペルシャ湾の機雷事態」とか、「アフガニスタンの治安事態」とか、「フィリピン防衛事態」とか、そういう事態のことを言うんです。

第一、そういう事態の設定がなければ、作戦計画が立てられません。アメリカ軍がどういう行動を取るのか、そこで自衛隊は何をするのか、そういう具体的なことがないと防衛協力のあり方——ありていに言えば「共同作戦」というもの——が描けないんですけれど、それがこのガイドラインには全くない。

単に、日米間でこの先いろいろな具体的な事例について作業をして、合意した共同計画を策定しましょう、となっているだけなのです。今までのガイドラインでは、共同計画を検討しましょう、としか書いてありませんでした。なぜか？　それは、そうしたものをあらかじめ閣議決定できないからです。

日本は、周辺事態が起きて有事になって自衛隊に「防衛出動を命令します」、あるいは「アメリカ軍への支援を命じます」という時に初めて閣議決定をするのです。事態が起きないと、計画をひっぱり出して認可できない仕組みになっている。

しかし、今度のガイドラインは、外務・防衛の閣僚級のＳＣＣ（日米安全保障協議委員会。通称２＋２閣僚会合）というところで、それをオーソライズ（認可）しようという趣旨のことが書かれています。だから、共同計画の「検討」ではなくて「策定」と書いてあるんです。

そうするとどうなるのでしょうか？　これから先、いろいろなことが起きてきた時に、アメリカから「あの計画あったよね。あの通りやってくれるよね」と言われて、「それはわが国の平和と安全に重要な影響を与える事態かどうかという判断が難しいから、ちょっと考えさせてほしい」とは言えない、ということです。これからは、「さんざん計画検討したでしょう。閣僚級でオーソライズしてるでしょう」とアメリカに言われてしまう。

つまりこれは、アメリカの要請を断れない、徹頭徹尾、アメリカの要請を受けるように制度化してしまうということなんです。しかも、この春（二〇一五年四月）に安倍総理がアメリカ議会で行った演説で、この夏までには安保法制を国会で通すと言ったのは、内容的にもアメリカに対する公約が一貫して先行していることです。

さらに、共同計画というもの、これは作戦的に事前にオープンにできるものではありませんから、いつ国民のもとに明らかにされるのでしょうか？　安保法制の中で自衛隊を出動させる時には原則、事前の国会承認が必要と言われていますが、その国会承認の時に、こういう状況でこういうことをやります、なぜならこういう共同計画を前から用意していましたと、そうした展開になって初めて国民に知らされるということです。

しかも、衆参両院はそれぞれ七日のうちに承認をしなさい、となっています。一歩間違ったら国の命運を左右するような重要な事案を、二週間で決めろということです。国会承認の形骸化、いつから日本政府はそんなに優秀になったんですか、という話だと思います。

対中オペレーションの想定

それから宇宙・サイバー防衛に関してですが、宇宙・サイバーというとなんだか、ニュートラル（中立的）な話のように聞こえますけれども、宇宙・サイバー空間は、アメリカが全世界の軍事的優位性を保つために一番重要なインフラなんです。

例えば、中国はサイバー攻撃を仕掛けたり、衛星でアメリカの宇宙インフラを破壊する能力を身につけたりしています。それをアメリカは脅威として、宇宙・サイバー防衛を対中戦略の要としているんです。そのような状況で、日本がサイバーなどで脆弱な場になってはアメリカが困るわけですから、その強化を日本に求めているというのが実態です。

結局、宇宙・サイバーの防衛を日米が一緒にやろうということは、軍事作戦のインフラ面でもアメリカに完全に取り込まれていくという仕掛けでもある。これがガイドラインの実態なんです。だから、これはまさに、安倍さんが自画自賛するように、「歴史的な画期」だと私も思います。

では、私は一応オペレーション（対応策）を考えてきた立場ですから、何が起こるのかということを考えてみたいと思います。

例えば、南シナ海で何か起きるとしましょう。去年（二〇一四年）もベトナム沖で中国は、深海探査用のオイルリグ（石油の掘削装置）を紛争海域となっているトンキン湾の真ん中に出しました。それで中国海洋局の船八〇隻を出動させて、ベトナムのパトロール船を蹴散らすようなことをやっています。

これは「戦争」ではないんですが、仮にそこで中国海軍が出てくるようなことがあったら、あるいは中国の暴挙を止めようとしてアメリカ海軍が出てくるならば、そこに中国の海軍も当然出てきます。

これに際して日本は、「重要影響事態」だということでアメリカ軍の後方支援をします。つまり、アメリカ軍に給油したり、情報を提供したりといったことですね。そこに、中国からミサイルがアメリカの船に向かって飛んでくる。自衛隊は、さっき申し上げた自衛隊法九五条の米艦保護の規定を使って、政府も状況把握をしないうちに、現場の判断で中国のミサイルを撃ち落とす。

つまりこれは、立派な戦闘行為になりますね。中国にしてみれば、「なんだ、俺はアメリカと、そこそこのところで二、三発撃って終わろうとしていたのに、なんで余計なことをする奴がいるんだ。日本も敵ということなら、まず沖縄の基地を攻撃しよう」と、こういう話になるでしょう。こんなことは常識でしょう。

こうしたことが一つのシナリオとして想定されるわけです。そして、こういう方向に、「シームレスに」発展していくのが新しいガイドラインなんです。

「国民の生命を守るために」「シームレスな切れ目のない法制」と言いながら、実はアメリカと一緒になって――というか、アメリカはそんなにやりたがっていないと思いますが――、アメリカを引きずり込みながら、中国との戦争にシームレスに入っていくためのガイドラインという、そういう意味があります。それを実現するための安保法制というわけです。

安保法制が適用されるケース

「対テロ戦争」にしても、今一番ニーズがあるのはどこでしょうか？　アフガニスタンでは、もうアメリカ軍は戦闘部隊は撤退して、今は訓練部隊だけが残っていますけれど、来年(二〇一六年)くらいには全部外国軍はいなくなります。タリバンは「あいつらがいなくなったら大暴れしよう」と、じっと待っているわけです。

それで、外国軍撤退後に治安が悪くなる。これは困ったな、となる。「日本は法律を変えてできるようになったんだから、治安維持できるんだろう。やってよ」とアメリカに言われて、日本は断れるんでしょうか？

南スーダンには自衛隊が派遣されています。現在、治安が悪化してあまり外で仕事ができません。「せっかく法律でできるようになったんだから、住民保護の部隊を持ってきて、住民保護の任務を引き受けてくれない？」とアメリカに言われて、日本はどうするんですか？　これも断れないでしょう。

「イスラム国」にしても、今、国会答弁で政府は「ＩＳＩＬ有志連合の支援はしません」と言っています。しかし、今の政権の得意なことですが、「国際情勢が変わったから」と言えば何でもできると思っていますから、将来アメリカが地上軍を出すようになれば、アメリカから「少し日本も何とかしてよ」と言われて、「国際情勢が変わったから」と言って「自衛隊を出さなきゃいかん」ということになってくるでしょう。

こういうシナリオが容易に描けますよね。こうならないということを、政府はきちんと証明しなさい、ということなんですけれど。

戦争に関する冷静な損得勘定

さきほどの浜矩子先生も、グローバリゼーションに関して、東北の部品工場の例を挙げておられましたが、まさにこういうグローバルな世界状況において、仮に相手を戦争で破壊してしまったときにどうなるのか、ということでもあります。

日本の東北地方の工場が大震災でダメになってしまって、世界中で自動車が作れなくなってしまうという時代です。相手の経済、相手の国土を破壊してしまうと、自分の経済にも計り知れない影響が出るという時代なんです。

そういう戦争をさせないためには、しからば抑止力なのか、ということを考えますと、中国が強くなればなるほど、日本も軍拡して強くならなくては、抑止の計算が合わないわけです。それはどうも違いますね。つまり、グローバリゼーションの時代に対応するキーワードは、抑止力ではなくて、むしろ「戦争って駄目だよね」という以上に、「戦争したら損だよね」という認識なのではないかと思うんです。

これは価値判断の問題ではなくて、まさに安全保障の事実認識、分析の問題として当然あるはずのことです。ただ、おそらく、安全保障を論じる陣営の中では、私のような意見は極端に少数説なんでしょう。

「抑止」できない相手が出てきた場合

抑止とは何か？　安倍さんはよく、「アメリカの船を日本が守れば抑止力が高まって、日本が戦争に巻き込まれる恐れはなくなるんです」という、とんでもない、お花畑のように呑気な抑止論をおっしゃっていますけれども、その「抑止」というキーワード自体がそもそも怪しいんです。

冷戦時代はアメリカとソ連という、政治的に相容れない、経済的な依存関係のない、イデオロギーも相容れない二大帝国がありました。そうした冷戦時代に、なぜ戦争が起きなかったのか？

北方領土と北海道の間は、大砲の弾が届く距離です。そういうところで対峙していれば、先に手を出したほうが絶対優勢です。しかし、なぜそれをしなかったのか？　それをやったならばアメリカが助けに来て、ソ連がそれに応戦すれば、最後は核の撃ち合いになって世界が滅んでしまうからです。

その核による世界滅亡の恐怖が、米ソの直接の戦争を防いでいた面があるわけで、それを抑止力と言っていました。つまり、抑止力というものは報復の威嚇であって、報復の能力と意思があることを相手が認識して初めて成り立つものなんです。

ガイドラインには、適時の演習は抑止力を高めるとあります。つまり、中国の海軍が出てきたら、こちらもプレゼンス（存在感）を示してやる。つまり、にらみ合いの状況を作って、緊張を高めて威嚇すれば、相手は恐れ入って逃げ帰る——これが「抑止を高める」ということです。

しかし、相手が恐れ入らなかったらどうするんでしょうか？　相手が恐れ入らなかったら、相手の攻撃を誘発するだけで、本当に戦争になってしまう可能性があるんです。〝誤算〟は抑止できません。安倍さんの政策の問題点は、ここなんです。覚悟を決めて向かってくる相手を抑止することはできない、ということです。

そうしたケースだけではなくて、威嚇を受けて驚いた相手がいきなり撃ってくるかもしれません。つまり、ビックリして計算のできなくなった相手も抑止できないわけです。ですから、抑止が万能のキーワードではない、ということ。そこをベースに安全保障を考えていく必要があると思います。

「抑止」から「危機管理」の時代へ

今の政権は、これらのことに全く思いが至っていない。安倍さんの言っている「抑止力」というのは完全に時代遅れということです。少なくとも、このグローバリゼーションの時代において、「抑止」はもうキーワードではありません。むしろ、「危機管理」という言葉に置き換えて考えなければいけないと私は思います。

「抑止」であれば、絶えず相手より強くならなければいけないんです。それで、やがて気が付いてみたら軍拡競争の果てに、以前よりもっと危険な状況になっていた――これを「安全保障のジレンマ」と言います。

しかし、抑止ではなくて危機管理をキーワードにして議論していくならば、戦争して相手をやっつけてしまったら自分も損するという合理的な計算が成り立つはずです。危機管理として考えるならば、「できるだけもめ事を起こさないようにしよう。それでも起きてしまったら、できるだけ早く解決して拡大しないようにしよう」となるはずです。

こういう流れをお互いが共有していくならば、軍拡ではなくて、時間はかかると思いますが、軍縮の方向でバランスを取っていくことができる。そういう時代に今はなっているんです。

もちろん、それは簡単なことではありません。相手が強くなったらこっちも強くなりたい、という気持ちは分かる。だけど、それをいつまで続けていくのか、ということを思い巡らした時に、別の道を考える。それが、今一番求められていることなのではないでしょうか。

イラク自衛隊派遣の経験から

それから、少し次元が違う話になりますが、安保法制でも盛んに言われています、自衛隊員の安全確保の問題があります。

私が第一次安倍内閣で官邸に勤めていた時に、陸上自衛隊はイラクのサマワというところで活動していました。サマワは、イラク全土からすれば比較的平穏な田舎の町でした。そこで自衛隊は医療支援をしたり、水を配ったり、道路を直したり、学校を補修したりなど、できるだけ地元の人に喜ばれるような仕事をしていました。

それでも、自衛隊の宿営地にロケット弾が飛んできました。二〇発ぐらい飛んできたようです。それから、ＩＥＤ（即席爆発装置）という路肩に置かれる爆弾――携帯電話を使って遠隔操作で爆発させるものですが――このＩＥＤによって自衛隊の車両が破損する事件も起きました。当たりどころが悪ければ、自衛隊員も何人か死んだな、という思いを持ったこともありました。

しかしながら、結果的に、自衛隊は一人の犠牲者も出さずに帰ってきました。私は、自衛隊の帰還に際して行われた小泉総理の記者会見の時に、資料を作成して持っていったのですが、総理に言いました。「総理、自衛隊は一人の犠牲者も出しませんでした。でも大事なことは、こちらからは一発も撃ってない、ということなんです。これで地元との信頼関係を崩さなかったから、敵対することがなかったから、結果的に犠牲者が出なくて済んでいるんです」。

周りが敵だらけという状況になってしまえば、一発撃ったなら、一〇〇発、一〇〇〇発がすぐに返ってくる世界です。だから、弾を撃てば、あるいは武器を使えば安全になるという世界では全くないんです。

それなのに、それ以上のことを今回はやろうとしているわけです。イラク派遣は日本ができる最大限のことをやったケースなのであって、私には、イラクのとき以上のことをやれば必ず犠牲者が出ますよ、という感覚があります。そこのところをどう考えているんだと、現政権に言いたい。

私の今のモチベーションの一つとなっていますけれども、将来出るかもしれない犠牲者に対して、分かっていながらものを言わない、というのは、やっぱりそれは一番申し訳ないことだろう。そう思って、今こうした講演などをやっているわけです。

異常なことを自衛隊員に負わせるのか

ところが、イラクへの自衛隊派遣は、結果的に犠牲者を出さなかったという意味では成功したと思っていたのですが、報道で知ってビックリしました。イラクに派遣された自衛隊員で、これまでに二九人が自殺しているんです。イラクに派遣されたのは延べ一万人です。そのうちの二九人が自殺しています。

日本人全体で言うと、自殺者はおよそ年間二万五〇〇〇人です。総人口一億二〇〇〇万人のうち、です。これは、人口一万人だったら二・二人という割合です。ところが、イラクに行った自衛隊員は一万人で二九人――これは明らかな差ですよね。

やはり、非日常の中に置かれることのストレスがそれだけあるということだと思います。しかも、こちらは弾を撃たない。だから、どちらかというと、やられるかもしれないというストレスの中で負ったPTSD(心的外傷後ストレス障害)が、こうした数字になって出てきていると考えられるわけです。

それが今度は、こちらも撃つようになるわけですから、撃って一〇〇発返ってきてさらに危険になるという要素と同時に、相手を殺してしまうというトラウマも自衛隊員には残るわけです。こういうものを、日本は七〇年間全然、経験していない。どういう対処法を考えているのでしょうか?

こうした手当てもなしにやろうとしているところが、全く現実味がないんです。そういう目線が現政権には全く感じられない。さきほど浜先生は「涙枯れし目」とおっしゃっていましたが、まさにそういう人たちが政治をつかさどり、自衛隊員の命を預かっているということが、一番危険なのだと思っています。

総理は、自衛隊員は「服務の宣誓」があるからやってくれます、とおっしゃいます。「事に臨んでは危険を顧みず、身をもって責務の完遂に務め、もって国民の負託にこたえることを誓います」。私も、防衛庁に入る時にこれにサインをいたしました。

ただし、この宣誓は冒頭に、「我が国の平和と独立を守る自衛隊の使命を自覚し、日本国憲法及び法令を遵守し」と書いてあるんです。今回のガイドライン、そして安保法制は、「日本国憲法を遵守」した内容でしょうか？　そして、そのうえで「国民の負託にこたえる」とはどういうことでしょうか？

「国民の負託」していない、「我が国の平和と独立」にあまり関係がない、そういう事態に命を賭けるなんて、宣誓のどこにも書いてありませんし、たとえそんなことを押し付けたとしても、自衛隊はなかなかそれを実行できるものではない、ということを申し上げておきます。

尖閣は誰が守るのか？

それからほかに、ガイドラインを読んでいて面白い――面白いという言葉が適切かどうかは分かりませんが――箇所がありまして、防衛の構想という項目があります。その中に、「離島防衛を含む陸上の防衛は自衛隊が主体的に行う」と書いてあるんです。つまり、離島防衛は自衛隊の役割であるということです。そして、アメリカ軍は支援、補完を行う、とあっさりと書かれています。

普通、われわれの常識でいうと「支援」とは、情報を提供してくれるということ、あるいは軍事物資が足りなくなったら回してくれるということ――いわゆる後方支援です。

「補完」とは何か？　以前のガイドラインではもっと明瞭に、自衛隊の及ばない能力、すなわち打撃力を提供する、と書いてありました。打撃力とは、空母が出動して相手の国土を攻撃する、そういう能力です。それはアメリカ軍にしかないので、それを「補完」と言っていたわけです。

しからば、起こりうるケースとして政府がよく挙げていますが、例えば、尖閣が中国に取られた、となったら、どうするのでしょうか？　このガイドラインに従えば、自衛隊が奪回しなさい、ということです。

そうなると、沖縄に駐留しているアメリカ軍の海兵隊は何をするのでしょうか？　政府はあたかも、尖閣、あるいは離島防衛のための抑止力として海兵隊が必要だと、ずっと主張していますよね。ですが、ガイドラインにはそうしたことは何も書かれていないんです。

安倍さんは二〇一三年二月に初めてワシントンを訪問しました。この春（二〇一五年）の訪問とは違って、あの時はオバマ大統領はとても素っ気なかったんですが、アメリカ軍の機関紙「スターズ・アンド・ストライプス」に載ったコメンタリーをご紹介しますと、「安倍はホワイトハウスのオーバル・オフィス（大統領執務室）に温かく迎え入れられて、こう告げられるであろう。誰も住んでいない岩をめぐる撃ち合いに、俺たちを巻き込まないでくれ」。「誰も住んでいない岩」、つまり尖閣のことです。これがアメリカ軍の本音なんです。

アメリカ軍は尖閣問題についてやる気はない、軍を使う気はありません。さっき申し上げました、報復の能力と意図があってこその抑止力ということから言うと、これは抑止にはなり得ませんね。少なくとも、使おうという意図がない海兵隊を「抑止力」とは呼ばないだろうと、私はかねてずっと言ってきました。今度のガイドラインにもそのことが見事に書いてあると思います。

アメリカ軍はむしろ、中国の中距離ミサイルの射程内にある沖縄にアメリカの軍事基地が集中していることは、軍事的には非常にまずいと考えています。だから、もし中国と事を構えるような事態になれば、アメリカはまず、沖縄の駐留部隊を分散させます。海兵隊なんてミサイル攻撃に対して一番防御力のない部隊ですから、船に乗せてどこかへ逃げてしまう、こういうことなんです。

安倍総理の情緒的思考の背景

問題はなぜ、安倍総理がこうしたことをやりたいのか、ということです。私なりに考えて出した結論があります。去年(二〇一四年)亡くなった安倍ブレーンの一人である元外交官の岡崎久彦さんと安倍さんとの対談本『この国を守る決意』(扶桑社)で、こういうことを安倍さんはおっしゃっています。

「自分の祖父の岸信介は、六〇年安保でアメリカの日本防衛義務というものを書き込んで、日米を双務的なものにした。自分はさらにそれを堂々たる双務性にしていく」——ちょっと国語的にはヘンなんですけれども。さらに続けておっしゃるのは、「軍事同盟は血の同盟である。アメリカが攻撃されれば日本も血を流さなければ完全なイコールパートナーとは言えない」ということです。

この発言はものすごく情緒的です。いったい、どこまで行けば「イコール」になるんでしょうか？

アメリカ軍は、アフガニスタンとイラクで六〇〇〇人以上の兵士が死んでいます。では、アメリカとイコールであるためには、それぐらい自衛隊員が死ななくてはいけないのでしょうか？そういうことはちょっと考えられない。では、どこまで行けば「イコール」になるのか、というところが安倍さんの中で定義されていないわけです。

こういった情緒的なことをおっしゃるということは、やはり、集団的自衛権の行使を容認するということが、安倍総理の自己目的そのものだということです。

日本という国家像をどう描くのか

以上申し上げてきましたように、今度の新しいガイドライン、そしてそれを実現させる安保法制は結局、アメリカに対する無限のサービスです。アメリカに完全に寄り添う、従属していくということです。それによって「アメリカと対等（イコール）になった」というのは、全くおかしい。こうした「アメリカと対等になるためにもっと従属する」という論理矛盾が、なぜ出てくるかといえば、やはりそこに――浜先生のお話でもありましたように――歪んだ大国意識のようなものを感じます。

大国と付き合う時にどうするかと言いますと、大まかに三つの方針があります。一つは、もうサービスはせずに手を抜いてしまう。これを、鳩山由紀夫政権がアメリカに対してやろうとしました。

次に、一番究極的なやり方は、別れる。アメリカとの関係で言えば、日本は核を保有して自立する。だけど、これはほとんど可能性はないでしょう。

それで最後に——これが安倍さんがやろうとしていることになりますが——アメリカにもっとサービスする、その代わりもっとたくさんご褒美をもらう。こういう、三つの生き方があるのではないかと思います。

しかし、これはいずれも、自分の存在、自分のアイデンティティとは何か、という部分が非常にはっきりしない。どの場合にしても、相手とのレンズを通して自分を規定しようとするから、こうした選択肢しか持たざるを得なくなり、自分の存在も不明瞭になってしまうんです。

ですから、こうしたやり方をしていては、本来の「日本を取り戻す」ことは絶対にできません。これは単に、「アメリカに追随して大国になるんだ」という次元だからです。

なぜこうした考えになるかというと、日本には対米コンプレックスだけではなくて、対中コンプレックスがあるからだと考えられます。「中国に負けてはいけない」という中間項が一つ入ると、今起きていることを理解するにあたって、腑《ふ》に落ちるものが出てきます。

島国である日本の防衛

日本という国を、では、どのように守ればいいのでしょうか？　まずそれを考える時の前提条件から見ていきたいと思います。

第一に地政学的条件として、日本は、当然ながら島国です。黒船が来るまで、海に囲まれた島国という地勢は、非常に守りやすいことを意味していました。ところが黒船以来、海に囲まれているということはどこからでも接近されるという意味に変わりました。

さらにミサイルの時代になると、大陸にくっつくように存在している島国は、ものすごく攻めやすくて守りにくい国になってしまったのです。しかも、南北に細長くて、本州の一番狭いところをジェット戦闘機が横断したなら一〇分ぐらいしか掛からないような、そんな地形です。こういう国土を防衛するためには、どうしたらよいか?

昔の軍隊は、そのように日本は地理的に脆弱だから、満州まで国防圏を広げなくてはならないとか、朝鮮半島が取られたら日本も終わりだから、日本が先に取りにいかなくては駄目だとかいうことで、防衛線を拡大しようとしました。そして、それは見事に失敗しました。こういう守り方は、やっぱり無理なんです。まさに国土が小さいがゆえに、持久力がないからです。

今で言うならば、このあり方は「多角的軍事同盟」です。アメリカの船が南シナ海で攻撃されそうになれば、行ってこれを助けてやる、こういうことは、もう七〇年前に失敗していることが証明されているわけです。

尖閣でも何でも、もめ事は起きるでしょう。起きないとは限らない。その時にできるだけ、もめ事をそこに局限するというのが一番正しい、一番スマートな、頭のいい守り方である、ということを申し上げたいと思います。

次に主体的条件として、別の側面から島国ということを見てみますと、日本は海洋国家、つまり貿易通商国でもあります。そうである以上、やはりグローバル・コモンズ（公共領域、国際共有財）というものを安定させておかなくてはなりません。これは、中国でも同じことです。そのグローバル・コモンズをもっとお互いに共有していくということが、これからは重要なんです。

なかなか強制力を持つところまでは行っていないんですが、いま現に、海軍同士においてでもグローバル・コモンズへの動きが始まっています。日米中などの海軍高官が参加する「西太平洋海軍シンポジウム」というものがあって、昨年（二〇一四年）四月に中国の青島《チンタオ》で開催され、日本からは海上幕僚長が参加しました。そこで、公海上で軍艦同士が遭遇した時には大砲を向けないようにしようとか、当たり前の話なんですけど、そういうことをきちんと文書上のルールにして、二一カ国が合意したんです。

こうしたところをしっかりやっていくほうが、国を守る上でもずっと有効ではないかと思います。

アイデンティティの帰属が異なる世界

それから、これも主体的条件と言えると思いますが、日本は七〇年間戦争をしていない国です。戦争のやり方だって、もう覚えていないんです。さきほど申し上げたように、自衛隊が海外に行って武器を使用する法的根拠は、警察官職務執行法でしかありません。こんなことで軍隊の武器使用ができるのか、ということです。逆に考えれば、だから結局、そういうことはしないほうがいいよね、ということでもあります。

グローバリゼーションの中で経済的に発展している国にとっては、相互依存の現実があるわけですから、戦争はあまり賢い手段ではなくなりつつあると申し上げました。

しかし、「イスラム国」のようにグローバリゼーションの恩恵を受けていない人びと、あるいはそうした恩恵は悪だと思っている人びとにとっては、神に反するグローバリゼーションそのものが悪であり、その象徴であるアメリカは敵であり、そのアメリカにくっついている日本も敵であると、そのような思考が彼らのアイデンティティとなっているんです。

彼らにとっては、最終的に何にアイデンティティを求めるかというと、国民国家ではない。もともと中東地域は、イギリスとフランスが談合して、砂漠の真ん中に線を引いて国境をつくっただけですけれども、国民国家という人工的なものがもう、中東では通用しないんです。そこで最後に求めるのは、宗教か部族かというところになってしまう。そういう世界に、日本はどうやって入っていくのか、ということです。

日本ブランドの活用

私は、日本が持っている、ある意味で文化的ないい加減さ、多様性——包摂性とまでいえるような立派なものではないかもしれませんが——少なくとも、別に特定の宗教、宗派だからといって敵だとみなさない、こうした日本人のメンタリティというものは今、とても大事だと思うんです。

自衛隊が派遣されたイラクで、どうして日本が歓迎されていたかというと、日本という国はあの憎きアメリカと戦争して、原爆を二発も落とされて、それでも今は経済大国にまで復活しているすごい国だ、というイメージからなんです。だから、自衛隊が来たら、翌月にはトヨタとソニーが来ると思っていた――なかなかそうはいかなかったんですけれど。でも、そうした「日本ブランド」とも言えるものこそが、日本に対する期待なんです。

しかし、いずれそういった国で停戦合意とか復興といったフェーズ（局面）になった時に、ここで日本が自分のスタンスを維持していれば役立てたはずが、ここでどちらかの側に付いてしまうと――どちらかといっても、ＩＳＩＬの側につくわけはないので、アメリカの側についてしまうと――これまで日本が果たしてきたような役割、「日本ブランド」の活用ができなくなってしまいます。

こういったことを私は、安全保障における機会利益の損失という意味で「コスト」と申し上げています。さきほどの、日本が強い姿勢で出れば相手も強く出るという「安全保障のジレンマ」はリスクの部分ですが、リスクとコストを認識しない安全保障政策は、単なる夢物語にしか過ぎません。

そういったことを考えますと、私は専守防衛こそが、日本にとっても世界にとっても、一番スマートな、賢いあり方であるということを、強く申し上げたいと思っています。

本当に「脱却」すべきものとは

そして、国家像ということで考えてみますと、戦後、日本はずっと、自己規定をする時にはアメリカとの対比で考えてきました。吉田茂さんの吉田ドクトリンは、戦争で日本は負けたのだから、軍事的にはアメリカに従うのでいいんだ、とするものです。

しかし、敗戦のトラウマを持っている人たちの中で、アメリカから日本は自立すべし、と言っていた――ごく荒っぽく言えば、吉田ドクトリンに反対していた――のが岸信介、鳩山一郎という人たちでした。どういうわけか、この二人それぞれのお孫さんも総理大臣になっているわけですけれども。

これに今、何が付け加わったのかと言いますと、中国に負けてたまるか、あるいは、もう中国に負けちゃっている、という対中コンプレックスです。そういった、コンプレックスにコンプレックスを重ねてきた結果、今日、日本がまともにものを考えられなくなっている――少なくとも、そういう政権になっている、ということだと思います。

やはり、健全な国家像を描くためには、「アメリカの抑止力」で思考停止するというところから脱却していかなければいけません。私だって、中国に負けたくありません。だけど、どうやって勝つんですか？　軍事で勝つんですか？　それは違うでしょう。いろいろな幅広い場面で考えていこうということであります。

尖閣問題を分析すると

一つ、尖閣問題について申し上げておきます。

古来、戦争の原因となるものは「利益」、「恐怖」、「名誉」であると言われていますし、私もそう考えています。さらに、『戦争論』を書いたクラウゼヴィッツという昔のドイツの有名な軍人がいますが、彼は、「戦争の三位一体」ということを主張しています。すなわち、戦争を構成する要素は「国民」、「軍隊」、「政府」の三つである、と。

そして、戦争を始めるために何が必要かというと、国民感情を煽《あお》り立てることが一番重要である。これを裏返せば、戦争をさせないために何が必要かというと、国民感情を鎮めることだと言えると思います。

では、尖閣問題とは何でしょうか？　戦争の原因の一つと言われる「利益」で見てみますと、尖閣は経済的な利益が大きいでしょうか？　大した石油も出そうもないですし、お魚はそれなりに獲れるかもしれませんが、お魚なら分け合えばいい話ですね。

「恐怖」に該当すべきは、今日において「軍事的な勢力争い」に置き換えて考えますと、尖閣が軍事的要衝かというと、そうではありません。中国海軍は、アメリカと対抗するために西太平洋に出る場合、沖縄と宮古島の間二五〇キロの公海を通過すればいいわけで、尖閣の周りをウロウロする必要はありません。南シナ海に出るならば、海南島の基地から直接南シナ海の深い海に潜水艦をもぐらせればいい。ですからどうも、尖閣は軍事的な恐怖の象徴でもありません。

そうしますと、最後に残るのは「名誉」、ナショナリズムという名誉の象徴ですね。ですからこれは、コントロールしなければいけないんです。少なくとも政治が果たすべきことは、ナショナリズムを鎮めるということです。

しかし、第二次安倍政権が誕生した時の自民党の選挙公約は、民主党政権が中国に対して弱腰すぎたから今日の状況を導いている、自民党政権では尖閣に公務員を常駐させる、というものでした。これではつまり、ナショナリズムを煽って政権を取ったと同じことになります。

日本だけではありません。北京も、ある意味でソウルも、同じことをやっています。そこに、今の北東アジア危機の本質があると言えます。ですから、解決方法は軍事ではありません。第一に、政治がもっと「まとも」になることです。

「一発」が発射されるまで、まだ闘える

最後に、安保法制についてですが、こんな法案はけしからん、というのには私も同意します。けしからん、作らせるべきではない。ですが、成立してしまったらどうするんだ、ということも考えなければなりません。

安保法制には一つ大きな足かせがあって、すべて「国会承認」が要請されています。国会承認の時には、もっと具体的な事例で、もっと分かりやすいかたちで議論ができる、そういう条件があるわけです。ですから、国会承認はさせない、というのが次の闘いの目標になっていくのだろうと思います。

つまり私が申し上げたいのは、たとえこの安保法制をめぐる法案が通ったとしても、現実に自衛隊が中東や外国に行って最初の一発の弾を撃つまで、われわれには時間があるんだ、ということなんです。私はその思いで今後もやっていきたいと思っています。この次には憲法改正も取り沙汰されるでしょうが、このハードルはまだまだ高いのです。

実は、イラク戦争時に私は政府の中にいて、当時はあの戦争を「正しい戦争」だと思っていたんです。しかし、本当にどう考えてもこれは、浜先生のお話の通り、正義と平和は同居しないんです。あの時、ブッシュジュニアは正義で、その正義の名のもとにイラク戦争が始まった。しかし、その正義そのものにこだわった結果としてよくわかったことが、少なくとも無駄な戦争だったよね、ということです。

純粋に自衛のための戦争だったとして、それは必要と言えるかもしれませんが、そういう事態に至るまでにもっと外交的、政治的な努力を果たしていたのだろうか、という目で見てみると、案外、無駄な戦争だったのかもしれないということがわかるんです。

ですから、七〇年前の戦争についても国民的な総括をきちんとやらない限り、日本はここから先、大転換はできない、してはいけないんだ、ということを私は申し上げたい。

そして、もう一つの目線としては、やはり、現場で最初に犠牲になるのは自衛隊員だということです。無駄な戦争で死んだなら、それは無駄死ににになります。犬死にです。そういうことを、国民であろうと自衛隊員であろうと、決してやらせてはいけない。

そういった論点で、できるだけ広範な世論をこれからも喚起していくことが大事です。いろいろけしからん法案ではあっても、多数であれば制度は作られてしまいます。しかし、それを実際に動かしていくところでも、いくらでもまだまだ、われわれにはやるべきことが残っています。

最後に、私だって一人の個人としては非常に弱い立場ですけれども、個人として見た場合に、安倍さんだって、人格的には私は対等だと思っています。そして、こういう安保法制のようなことをやりたいのが安倍さんの自己実現の道であるならば、それに最後まで抵抗するのが私の自己実現なんです。

年を取ってしんどいけれど、自分のためにも、これからまだまだ発信を続けていきたいと思っております。ありがとうございました。

これは民主主義ではない──強者の欲望に寄り添う権力のもとで

内橋克人

「鎌倉・九条の会」発足一〇年を迎えました。この記念すべき日に、井上ひさしさん、なだいなださん、呼びかけ人として力を尽くされた大切なお二人の姿はすでになく、悲しく、淋しく、私は、立ちすくむ思いでここにいます。

振りかえれば、発足そうそう、まさに一〇年後の今日を予見するような「事件」に見舞われました。一〇年前の五月、「鎌倉・九条の会」発足の記念講演会のことでした。

鎌倉市はいったん「後援」を約しておきながら、しばらく後、その決定を「取り消す」と伝えてきました。呼びかけ人の井上ひさしさんと私、それに数人が、市役所に押しかけ当時の石渡徳一市長と面談し、後援取り消しの撤回を求めて激しく抗議しました。

が、市長いわく「行政の中立を保つために取り消した。改憲、護憲の議論があるなかで、市はどちらの側に立つわけにもいかない」と。私たちは「公務員の皆さん方が憲法を尊重し、擁護することは、憲法に定められた義務ではないか。中立とは、全力を挙げて国民のために憲法を守ることではないのか」と激しくつめ寄りました。しかし、結果は変わりませんでした。

一〇年前の、あのときの井上さんの憤怒のお姿、まざまざと呼び覚ますことができます。話し合いは、結局、平行線に終わりましたが、いま、地方自治体が「中立」なる詭弁《きべん》を弄し「九条の会」の集いは後援しない、という出来事が、全国各地で始まっています。「鎌倉・九条の会」はまさにそのような時代への予兆、つまりは「憲法破壊」の風潮が国を被う時代への、まさに先駆けだったのではないでしょうか。

いま、各地で開かれる「空襲を記録する会」の催し物には、地方自治体は「後援」を惜しまない。しかし、平和を守れ、の「九条の会」のそれは後援しない。つまりは戦中、私たちが受けた「被害」を伝えるのは大いにけっこうだが、「加害」に関係あることを論じるのは困る、と。平和憲法に基づいて「非戦の誓い」をたてる、それが困るのだ、と。

安倍晋三政権のもと、いや、そのずっと前から、どのような時代が始まっているのか。皆さん方、どうかしっかりと見きわめ、心に刻んで頂きたいと思います。

このような空気を象徴する出来事が、昨年(二〇一四年)七月、さいたま市で起こっています。「梅雨空に「九条守れ」の女性デモ」、この優れた俳句をめぐって、何があったか。ご存じの方も少なくないでしょう。地元の公民館がこの作品を「月報」に掲載することを拒否した事件です。同好会会員の互選で選ばれたこの作品を、三橋《みつはし》公民館が月報の俳句コーナーに掲載しない、「世論を二分するテーマ」だから、と。

作者は七四歳の女性の方です。たまたま六月の梅雨空の日、東京・銀座近辺で女性たちばかりがデモをする光景に出会い、自然に心に湧いて出たのがこの作品だった、と。で、いつものように同好会メンバーの互選によって高い評価を受けて選ばれた。

いつもなら、選ばれた作品は公民館の月報に掲載される。それが、市教育委員会、さいたま市から掲載はダメだ、と。今もって掲載拒否を変えようとしていません。

この作品のどこが不適切なのか。「平和憲法を守れ」との題材が、世論二分の社会において不適切だ、と。さいたま市の自治体首長、公務員、教育委員会、同教育長、それらの人びとによる公権力の介入です。すでに言論の不自由時代は公然と始まっているのではないか。あの、一〇年前の「鎌倉・九条の会」発足時と同じ状況が、安倍政権のもと、全国的に広がった。本来、地域主権の主体であるはずの自治体首長までが、総理官邸のご機嫌を伺うという「上目づかい」がごく普通に演じられています。

今、何が始まっているのか。ひとつひとつの現実をしっかりと見届けて頂きたい、と。そう皆さん方に強くお願いしたいのです。

（「梅雨空に……」不掲載をめぐっては、その後、「表現の自由の侵害」として作者、支持者による訴訟事件に発展しています。）

「身代わり」なくして今日を生きる人はいない

安倍政権が「閣議決定」なるものによって強行しようとする解釈改憲、戦争できる国をめざす安全保障関連法案。戦争とは何か。ここで、ちょっと私自身の体験に触れさせて頂きたいと思います。

私は一九三二年七月の生まれです。一九四五年、つまり敗戦の年、私は一二歳。国民学校六年生から旧制中学へと進む、ちょうどその入学試験の日の夜更け、三月一七日の神戸大空襲を受けた世代です。神戸では続けて六月五日、これも大空襲です。天から降ってくる焼夷弾の下を文字通り逃げまどった。その間にも夜昼の区別なく数え切れないほどの空襲を体験しました。

最近になって、やっと体験を書いたり、話したり、できるようになりました。

まず、三月一七日深夜の大空襲で何があったか。悔やんでも悔やみきれない悲惨についてお話しします。ひとたび戦争となれば、何が始まるのか。どんな運命が全ての人びとを巻き込むのか。若い世代の方々に、ぜひとも心に留めておいて欲しい。

大空襲の前日は旧制中学の入学試験日。当時は学区制といって、自分の住む地区によって進むべき中学が決まっていました。その日、私は、当時は仮校舎住まいだった中学に受験に行きました。その前夜から猛烈な腹痛に見舞われ、一晩中、呻《うめ》き声を上げ続け、しかし、何とか頑張って、かなり離れた校舎に出かけました。母はすでに亡く、父が付き添ってくれたのです。

何とか試験だけは受け、その足で郊外電車に乗って、二駅ほど西に離れた地域の外科病院に入院し、手術を受けました。今でいう虫垂炎、つまり盲腸です。手術を受けて入院していたその夜更けが神戸大空襲でした。すでに敵機Ｂ29が空一面を埋め、すさまじい爆音です。

患者はみんな担架に載せられて病院の玄関に集められた。少し離れた須磨《すま》離宮《りきゅう》に避難して下さい、と。ところが、その避難先が真っ先にやられた。もう逃げるところはない、と。診療室にも焼夷弾が落ち、めらめらと炎に包まれている。少年ながら、「ああ、これで終わる」と覚悟を決めたことをはっきりと覚えています。

後は、結末だけ話しておきましょう。私の入院のため家に残されたのは姉ひとり。「それではかわいそう」と親切な近所の「おばちゃん」が来てくれた。その夜更けが大空襲です。おばちゃんは姉を急《せ》かせ、自宅のすぐ裏手の防空壕に駆け込んだ。父の手づくりで、コンクリートで周りを固め、屋根に畳を三枚敷いてつくっただけの粗末な防空壕でした。その中で、いつも私が座る場所に座ったおばちゃん。その左肩に不発の焼夷弾が直撃して、土とコンクリートの防空壕はそのままお墓になってしまった。

盲腸にさえなっていなければ、と私は自分を責め、その後は空襲があっても逃げない、急かされて防空壕に入っても一番危ないところに座る。身代わりで人を亡くしたことが、子どもながらよほど辛かったのでしょう。近隣の女性たちが私のことを「死にたがる子」と呼んでいた、と後で知りました。

辛い体験を話したり、書いたりできるようになったのは、戦後、ある先生に諭された言葉がきっかけでした。「日本人は、誰ひとり、身代わりなく今を生きているものはいない」、「きみだけではないよ」と。そう教えてくれた。きっと近隣での噂話を聞き知っていたのでしょう。戦場で逝《い》った三一〇万人もの戦死者も含め、全ての犠牲者が、戦後を生きる者たちの「身代わり」だったのだ、と。そう教えて下さった。

さらに六月五日の空襲は、三月一七日をはるかに超える大規模なもので、早朝から実に三五〇機を超えるB29の襲来でした。大量の焼夷弾、爆弾での絨毯《じゅうたん》爆撃。各地で火焔旋風が渦巻き、おびただしい犠牲者が出ました。私は無謀にも、親友と二人で学校がどうなっているか確かめにいこう、と防空壕を飛び出し、激しく燃え盛る街のなかを海岸の方向を目指して走りました。途中、何を見たか。権現《ごんげん》さんと呼んでいたお宮さんの境内、その脇の道路に山積みになった真っ黒な遺体。背嚢《はいのう》や雑嚢《ざつのう》からは、焼けただれた先祖の位牌や水筒などがこぼれ出ている。黒こげの遺体の一箇所、なぜか足の裏だけがみんな白い……。無惨な光景が消えることはありません。

神戸の市内には二つの川が流れていて、それが天井川と妙法寺川。その二つの川が国鉄(現JR)鷹取駅に近い高架下で合流し、深い瀬をつくっている。その瀬の流れの中に一塊《ひとかたまり》となってぐるぐる漂流する遺体の群れ……。たどり着いた校舎の運動場は、斜めに突き刺さった焼夷弾の殻の林になっていました。担架で運ばれる負傷者のからだ、おなかの辺りに新聞紙が被せてありました。その新聞紙が風で飛ぶ。するとおなかからはみ出した腸《はらわた》が垂れている。横たえられた重傷者と眼と眼が合う。

話し出せばもうキリがありません……。その後、私と姉の辛い疎開生活が始まります。

戦争を知らない「軍国少年」

私は何を話したいのでしょうか。何を伝えようとしているのでしょうか。

もう十数年も前から、被爆地ヒロシマ、ナガサキ、沖縄の人びと、また東京大空襲はじめ各地の被災者、犠牲者の方々……。辛い体験を伝えようと重い口を開く。すると、心ない傍観者がそれを誹謗して「自己満足だ」と。

例えば、生徒を引き連れて「ひめゆりの塔」を訪れたある高校の教師は「(壕を案内する)ボランティアの話は退屈であった」と。ヒロシマの原爆ドームでは、心を込めて折られ、捧げられた折り鶴が火をつけられて燃やされる。「過ちは繰返しませぬから」と書かれた石碑の「過ち」という文字の上に、赤いペンキでバッテンをつける。一度や二度ではありません。なぜ、このような非道が平然とまかり通る時代になってしまったのでしょうか。

そうした時代の空気を糺《ただ》したい。私はあえて話しているのです。

今、心ない人びとに言っておきたい。「無差別都市爆撃」とは何か。「戦争にルールはない」ということです。安保関連法案を説明する安倍首相。例えば数点の絵図を使ってペラペラとまくし立てました。戦地であろうと、銃後であろうと、戦争を体験した者の眼に、彼の姿は何と映ったでしょうか。失礼ながら、首相の話に思わず噴き出した人も少なくなかったのではないか。

朝鮮半島有事の際、逃れる日本人親子を米艦が乗せて日本に運ぶ、その途上でミサイルが飛んでくる。「放っておいてよろしいのか」と安倍首相。すかさずそのミサイルを迎撃して撃ち落とすのだ、と。それが集団的自衛権だ、と。現実には、飛んでくるミサイルを狙って発射するより早く、東京都心、首相官邸、国会議事堂……が、すでに火の海になっているでしょう。

なぜなら、日本艦からのミサイル発射を寸前に探知する能力が敵にないはずはない。まさに一撃ではないですか。米艦を狙って発射されるミサイルは「宣戦布告」であり、それを迎撃すれば日本は「宣戦布告を受けて立つ」ことを表明したことになる。飛んでくる敵ミサイルがたちまち東京を火の海にしてしまう。

その上、米艦が日本人避難者を乗せることはないと、米関係者は明言しています。最近になって日本政府は、日本人避難民の有無に関係なく、すべての米艦を敵国のミサイル攻撃から守る

——それが集団的自衛権だ、と明言する豹変ぶりです。

戦前、戦中、子どもたちがやった幼稚な「戦争ゴッコ」。特徴は攻めることだけ考えて、守ることは頭にないということです。安倍首相がいくら「丁寧に説明」しても、そうすればするほど「戦争を知らない軍国少年」の「戦争ゴッコ」ぶりが、ますます露呈するだけではないでしょうか。

非戦闘員への無差別攻撃を禁じたハーグ陸戦条約、一度でも守られたことがありますか。B29による空襲は非戦闘員、市民を標的にしたものです。「戦争を知らない軍国少年」には、そこが分からない。ほんものの戦争のリアリティと「戦争ゴッコ」は全く別物です。「戦争にルールはない」、そのことを安倍首相はご存じない。

そのような危険で幼稚な人物に、この国の人びとは全権を委任してしまった……。

安倍政権の統治手法とナチス・ドイツ

本日は、浜矩子、柳澤協二の両先生、今、安倍政権批判の先陣に立っておられるお二人をお迎えして、お話を伺うことができました。皆さまに代わって心からのお礼の言葉を差し上げたいと思います。お二人からは、安倍政権の進める統治手法について、鋭利な、的確な分析、そして私たちは今どう考えるべきか、何が進もうとしているのか、とても深い教えを頂くことができました。

柳澤先生のお話、後ろのスクリーンに安倍政権の進める安保法制、集団的自衛権、その本質と詳細が、きちんと整理された表として、プロジェクターによって映し出されていました。その何段目かに「最初の一発までには時間がある」と。安保法制の成立まで、いや、それによって「最初の銃弾、弾丸が日本人の手によって発射される、その瞬間まで、まだ時間がある」との文字を見つけ、私はホッといたしました。「ああまだ時間があるのだ」と。この法案を廃案に持ち込むまで、そんなに長くないかもしれないけれども、時間はあるのだ、と。その間に私たちは何をなすべきか。そう解き明かしておられる。本当に心の底に響くお話でした。

また、早い時期から厳しくアベノミクス批判を行ってこられた浜先生。今日は社会的包摂という言葉をお使いになりながら、こうした時代に求められる深い思想性について、お話し下さいました。強い共感の思いを抱きながら、私も会場の片隅に座って伺っておりました。皆さん方も共感と納得を深められたことでしょう。

そこで、私の話したいことは何か、ということになりますが、演題に掲げましたように、安倍政権の進める統治は「これは民主主義ではない」というものです。これまで私なりに話したり、書いたりしてまいりました。副題にもありますように、何よりもその特徴は社会的強者、例えば経団連(日本経済団体連合会)などの欲望に寄り添い、応える。そこにアベ式統治手法の本質があるのだ、と。

その手法について、まず「閣議決定ありき」の危険性。次いで「三つのM」と私が呼んでまいりました「スリー・エム・コントロール」。それぞれ手短に総括しておきたいと思います。今、私たちはどのような政治的状況のもとにおかれているのか、深い認識、読み解きが欠かせないと考えるからです。

まず「先に閣議決定ありき」についてですが、もう言うまでもありません。本日のテーマの安保関連法案。つまり集団的自衛権の行使容認。去年(二〇一四年)七月一日、アレヨという間の「閣議決定」でした。挙げていけばキリがありません。「特定秘密保護法」も「集団的自衛権の行使を認める解釈改憲」、さらに原発再稼働につながる「エネルギー基本計画」も……、全て全て閣議決定に始まっています。

戦後、長い歴史のあった「武器輸出三原則」がアッサリと「防衛装備移転三原則」に変えられ、兵器輸出が可能となった。これも閣議決定でした。かねて経団連、経済界が強く求めてきたことばかりです。閣議決定とは何か。とりわけ政府与党が圧倒的多数を制する議会において、それはどのような脈略で「官邸独裁」を可能にするか。よくよく見きわめる、そうすれば安倍政権の本質が鮮明に浮かび上がってくるでしょう。

議会制民主主義、そのもとでの議院内閣制では、総理大臣といえども法案の最終決定権はありません。閣議で全員一致の賛成が必要です。安倍首相はしばしば「最高の責任者は私だ」と特別委員会などで豪語しますが、議院内閣制の日本においては、アメリカなど大統領制の国とは異なり、内閣に名を連ねる閣僚全員の合意が行政(政府)の意思決定の前提条件です。決して総理大臣は万能ではない。

これまでの自民党政権下では通常、党の総務会、政務調査会などの賛成を取りつけることができて初めて閣議に持ち込み、閣議決定がなされた。ところが第二次安倍政権以降、党内派閥の衰退が著しく、総務会も政調会も力を失い、党内でもまた「安倍一強」が強まった。そうすると、親分の顔色をうかがう閣僚ばかり。自分を大臣にとり立ててくれた親分の意を、むしろいち早く汲み取って「お気に入り」になりたい、という「上目づかい」の閣僚ばかりとなってしまった。

結果はもうお分かりの通り、親分の考えに迎合しつつ「閣議決定」の頻発です。

そうなると、閣議決定された法案が国会に提出され、ここでもまた、多数与党の力によって強行採決が可能になる。安保関連法案もまた同じ手法です。まさに「総理官邸独裁」によって「戦争できる国づくり」が可能になる。首相の意思ひとつが全ての源流であること、もうお分かりでしょう。これで民主主義と言えますか。

当時、世界でもっとも民主的な憲法とされたドイツ「ワイマール憲法」のもとで、かのナチス、ヒトラー政権がある意味、合法的に誕生しました。かの「全権委任法」の誕生に至る経緯は皆さん、ご承知のところでしょう。安倍政権の周辺に蠢《うごめ》く人びと、かのヒトラー・ユーゲント（親衛隊）に何と似通っていることでしょうか。

利用される日本人の「頂点同調主義」

さらに「閣議決定」と並ぶアベ式統治手法のもう一つの特徴。それが「組織トップのクビのすげ替え」です。日本銀行総裁、ＮＨＫ会長、内閣法制局長官などはすでに有名。案外知られていないのが、ＧＰＩＦ（年金積立金管理運用独立行政法人）の投資比率の変更。いかにリスク資産（株式市場）に公的資金を誘導して株価吊り上げに役立てていくか。なかなか手の込んだやり方が使われた。ＧＰＩＦの業務を監視する「運用委員会」のメンバーを、政府の望み通り「資金の積極運用」を唱える顔ぶればかりに入れ替えてしまった。高いリスクへの運用に慎重な姿勢の者は再任しない。

ここでは詳細はおくとして、もうひとつ重要なことは日本人の習性、あるいは丸山眞男が呼んだ「古層」が見事に利用されていることです。

組織内に身をおく日本人は概して「上に弱い」。丸山眞男の〝コンフォーミズム〟を哲学者の久野収は「頂点同調主義」と呼びました。常にてっぺんの顔色を窺いながら自分の行動を決める。〝コンフォーミズム〟が権力者によっていつも利用されてきた。安倍政権またしかり、です。ＮＨＫなど余りに変わり身が早かった。例えば「ニュースウオッチ９」。何を伝え、何を伝えなかったか。キャスターはどうコメントしたか。他局と比較しつつ追跡を続けること、ぜひお薦めします。

こうしていよいよ、集団的自衛権の行使容認でした。

去年(二〇一四年)末の衆院選で、安倍政権はアベノミクス効果を高く掲げ選挙戦を勝ち抜きましたが、衆院選が勝利に終わると、一転、アレヨという間に、人びとの気づかぬうちに主題は軍事へ、つまり集団的自衛権の行使容認、安保関連法案へと移っていた。非難を受けると「いや選挙公約に掲げたではないか」と開き直る。なるほど、言われてみればチョコッと数行並べてあるだけ。虫メガネで探さないと気がつかない。

「この道しかない」と高く掲げた旗は「アベノミクス」でした。そうしておいて、衆院選に勝利するや、政治テーマはガラッと変わった。アベノミクスはどこかへ消え、突如、「戦争法案」が飛び出し、以後はそれ一点となった。

二〇一二年末の総選挙後、真っ先に手をつけたのが内閣法制局長官のクビのすげ替え。外務省元国際法局長の小松一郎氏を法制局長官に起用することから始めた。歴代の法制局長官は「集団的自衛権行使」は憲法上許されないとしてきた。それが、このとき初めて行使容認に前のめりの外務省から小松氏を起用し、憲法解釈のあり方を変えようと謀った。何のことはない、初めからのシナリオ通りです。病を得た小松氏の退任後、直ちに同じ路線の横畠祐介氏を後継者に指名しました。その延長線上に今日があります。

コントロールされる三つの「M」

最後に「スリーM」について簡単にお話ししておきましょう。

三つのMとは、第一にメディア(media)、第二にマネー(money)、そして第三にマインド(mind)、人間の心ですね。この三つを、「アンダー・コントロール」、つまり制御下におくこと。こうして国民を思うままに動かそう、とする政治のことです。

まず、第一のM、つまり「メディア」ですが、もう言うまでもありません。さまざまな報道手段、媒体。新聞もあればテレビもある。その主たるものを支配下におく。お上の意向を「忖度《そんたく》」して報道し、番組をつくるように「装置」をしつらえる。

どのようにして……?　何よりもトップのクビをすげ替える。あるいはトップを抱き込んでしまう。奇しくも、ＮＨＫのあの籾井《もみい》勝人《かつと》氏という、実質的に安倍政権が会長に選んだ人物。仔細に観察して下さい。初の記者会見で何と言ったか。正直にホンネをぶちまけてしまった。余りに有名ですので、ここではもう繰り返しませんが、およそジャーナリズムとは水と油の方と私は断言します。さらに経営委員会のメンバーに強烈な思想的同調者、自分の家庭教師だった人物まで任命した。それら経営委員会によって選ばれたのが件《くだん》の会長。驚いたことに、その会長が最高執行部の理事の全員から辞表を預かっていたという。

　皆さん、とっくにご承知ですからもう繰り返すことは致しません。けれども、例えば特定秘密保護法の問題について、ＮＨＫはまともな報道、特集を一度でもやりましたか。その後、衆議院特別委員会で安保関連法案の強行採決がなされた際、ＮＨＫはこの時間に限って、いつもの生放送を行いませんでした。

　ＮＨＫに限らず、すでに「忖度報道」が始まっていると警鐘してまいりましたが、この忖度報道には二種類ありまして、権力にプラスのことは報道する、迎合報道ですね。これに対してもう一つは、権力にマイナスとなるような出来事は報道しない。この二つです。

　さて、次に第二のＭのマネー、おカネです。マネーについては、何よりも日銀総裁の交代、〝白〟（白川方明《まさあき》氏）から〝黒〟（黒田東彦《はるひこ》氏）へ変えてしまった。人工的にインフレを起こす理論の「リフレ派」を起用し、株価吊り上げを演じることで政権の人気を高める。期待通り、安倍首相自ら「株価依存内閣」と呼んだように、高い内閣支持率が手に入った。かくて安倍政権の強権政治が開始された、という運びです。

第三の、最後のMについてはもう話すまでもありません。「マインド・コントロール」です。「リフレ派」の理論にいう「期待」が典型例で、高い水準で続く内閣支持率もその成果のひとつでしょう。リフレ理論というのは、日銀が前代未聞の金融緩和で「マネー・ジャブジャブ」の「フリ」をする。それだけで人びとは「将来、物価が上がる、いまのうちに」と思い込む、つまり「インフレ期待」が高まって消費が増える。かくて景気は好循環に転じる、という理屈です。

実際には、日銀が民間金融機関の保有する国債を大量に買い取ってマネー・ジャブジャブにする、というわけですが、それでは現実にマネー・ジャブジャブか、といえば、そうではない。巨額のマネーは、市中に流れるのではなく、金融機関が日銀にもつ「当座預金口座」のなかに大方は眠ったまま。これを俗に「ブタ積み」と呼びます。代わって猛烈な勢いで増えるのが日銀の国債保有高。禁じ手の「日銀による財政赤字の穴埋め」。これで、ほんとうに景気はよくなるのでしょうか。アベノミクスお得意の騙《だま》しのテクニックです。

実際、異次元金融緩和から一年後、日銀の通貨供給量は一三四兆円から二〇八兆円へ大膨張しましたが、差し引き七四兆円のうち実に七〇兆円は日銀当座預金口座に眠ったまま。「ブタ積み」とはまさにツボを衝いた俗名ではありませんか。詳細を知らぬまま「さあ、インフレだ。いまのうちに買っておこう……」と期待させられた国民こそ、まさにマインド・コントロールにかけられたお人好し、というべきでしょう。

いつか歴史が明らかにするはずです。

かのオリンピック・パラリンピックの東京誘致で、首相はフクシマは「アンダー・コントロールにある」と声をはり上げた。「制御下にある」「制御下に置く」という状況を政治的につくり出す。三つの意味するところ、お分かり頂けたでしょうか。

「FEC自給圏」の形成を

さて、日本は、人間が生きていくのに必要な基本的な仕組みである「食(農)」「エネルギー」「ケア」の全てを他国に任せて平然としています。

いま、私たち日本は「穀物」をどの程度、自給できているか、ご存じでしょうか。

人口一億三〇〇〇万人に近い日本で年間わずかに九〇〇万トン台です。ついこの間まで一〇〇〇万トンと言っていましたが、今は九〇〇万トン以下に激減してしまいました。「グローバル化時代、コメは安い国から買えばよい」という危うい呪文にふり回された末の事態です。

これがいかに危ういか。他の先進国と比較してみれば瞭然です。

例えばイギリスはどうでしょうか。イギリスは人口で日本の半分。国土面積はおよそ三分の二でしょう。しかし、穀物生産量は年間三〇〇〇万トンを切ったことがない。生産量だけでも日本の三倍です。ドイツはどうでしょうか。人口は八〇〇〇万人です。国土面積は日本の約九〇%。生産量は五五〇〇万トンを切ったことがありません。

「人間生存の条件を守る」には「穀物自給力」を他国に譲り渡すわけにはいかない、と。そういう強い決意を貫いているのが、これらの国々です。

「FEC自給圏の形成を」という私の呼びかけも同じ決意、危機感に発するものです。Fはフード(food)・食糧。その基礎をなす農です。次のEはエナジー(energy)、つまりエネルギーです。自然なる再生可能エネルギー。そして、Cはケア(care)です。介護、看護、医療です。このFECについて地域内自給圏をめざす。さらに、ちょっと数字を聞いて下さい。私たちの社会がどれほど危うい崖っぷちに立たされていることか。

今、お話ししましたように、日本の穀物全体の自給率はわずかに二九％に過ぎません。飼料用穀物はどうか。全量輸入に近い状態です。他国依存のうえに日本の酪農はやっと成り立っています。飼料用穀物の輸入全体の九九％がアメリカ依存です。大豆はどうでしょうか。大豆の自給率はわずかに七％です。戦時下、疎開先では農地や田んぼの周り、あぜ道には、たくさんの大豆が植わっていました。大豆はあらゆる食べ物の材料、原料です。その大切な大豆。他国依存九三％。うち七一％がアメリカからの輸入です。小麦はどうでしょうか。自給率一三％です。残り八七％のうち六一％がアメリカからの輸入。こうした現実を通して初めて危機感が伝わってくるのではないでしょうか。

最後に残った「コメ」の砦《とりで》が、今「例外なき関税撤廃」を原則に掲げるTPP(環太平洋戦略的経済連携協定)参加で、風前の灯火《ともしび》となっていること、もう皆さん、ご存じのところでしょう。このように、「食」の現実こそ「あんしん社会」からいかに遠いか。今日はしっかりとご認識頂きたい、と願っています。

安倍首相は、エネルギー危機を口にし、しきりにホルムズ海峡での機雷掃海を持ち出しますが、国の安全保障を言うのならば、なぜ穀物自給率への危機感を叫ばないのか。

春の到来は止められない

最後に、一つの言葉をお伝えして終わりたいと思います。『私たちは九九％だ――ドキュメント　ウォール街を占拠せよ』（岩波書店）という書籍をご存じでしょうか。アメリカ・ニューヨークのウォール・ストリートに近く、ズコッティ公園という小さな公園があります。二〇一一年九月、大きな大衆運動が起こり、その公園に大勢の市民が集まりました。この本は、その時のさまざまな言葉や運動を紹介したものです。短い、しかし、心に残る多くの「言葉」が刻まれています。

そのなかのレベッカ・ソルニットという人の言葉、私の心を強く打ったものでした。「花を引き抜くことはできても、春の到来は止められない」（肥田美佐子訳）と。

強権によって、一本一本の花は引き抜くことはできるかも知れない。けれども、いったいその花を咲かせたものは何か。いうまでもなく「春」の到来です。春という季節がやってきたからこそ、一本一本の花が咲いたのだ、と。いかなる権力といえども、やってくる「春」という季節の到来を止めることはできない。どんなに強い権力、強権をもってしても、やってくる春を止めることはできません。

一本一本の花を引き抜く、そういう時代が、この日本社会にもやってくるかも知れない。けれども、私たちは信じたい。その花を咲かせた春という季節がやってくるのは、誰にも止めることはできないのだ、と。私たちが目指すべきこと。平和、非戦、人間の生存条件、それらの基盤というものを、私たちは、生きていく人間として、人として守り通さなければなりません。

「賢さをともなった勇気を」——国民のすべてに求められています。

今、私たちを取り囲む深刻な危機のなか、「鎌倉・九条の会」は一〇年を迎えました。井上ひさしさん、なだいなださん、両先生、どうかこの集いをお守り下さい、私は祈り続けています。いかなる権力といえども、春の到来を止めることはできない。この言葉を胸に私たちは覚悟を定め、さらにさらに力を尽くしてまいりたいと思います。

ありがとうございました。

このブックレットは、二〇一五年五月六日におこなわれた「鎌倉・九条の会」主催による「憲法のつどい 二〇一五 鎌倉」での講演を、加筆し収録したものです。

（「鎌倉・九条の会」は二〇〇五年六月、前年の「九条の会」結成を受けて、市内在住の井上ひさし、内橋克人、なだいなだの三氏を「よびかけ人」として発足し、二〇一五年に発足一〇周年を迎えました。）

浜　矩子

1952年東京都生まれ．同志社大学大学院ビジネス研究科教授．専門はマクロ経済分析，国際経済．著書に『グローバル恐慌』(岩波新書)，『国民なき経済成長』(角川新書)，『円ドル同時終焉の跫音』(ビジネス社)，『「アベノミクス」の真相』(KADOKAWA)ほか．

柳澤協二

1946年東京都生まれ．NPO法人「国際地政学研究所」理事長．2004年から09年まで小泉，安倍，福田，麻生政権で内閣官房副長官補(安全保障・危機管理担当)．著書に『検証　官邸のイラク戦争』『亡国の安保政策』(ともに岩波書店)，『自衛隊の転機』(NHK出版新書)ほか．

内橋克人

1932年兵庫県生まれ．経済評論家．「鎌倉・九条の会」よびかけ人．著書に『共生の大地』(岩波新書)，『原発への警鐘』(講談社文庫)，『始まっている未来』(共著，岩波書店)，『新版　匠の時代』(全6巻，岩波現代文庫)，『荒野渺茫』(岩波書店)，『共生経済が始まる』(朝日文庫)など．

鎌倉・九条の会　http://www.kamakura9-jo.net

民主主義をあきらめない　　岩波ブックレット 937

2015年10月7日　第1刷発行
2016年 8 月4日　第3刷発行

著　者　浜《はま》 矩《のり》子《こ》　柳澤協二《やなぎさわきょうじ》　内橋克人《うちはしかつと》

発行者　岡本　厚

発行所　株式会社 岩波書店
〒101-8002 東京都千代田区一ツ橋 2-5-5
電話案内 03-5210-4000　営業部 03-5210-4111
ブックレット編集部 03-5210-4069
http://www.iwanami.co.jp/hensyu/booklet/

印刷・製本　法令印刷　　装丁　副田高行　　表紙イラスト　藤原ヒロコ

ISBN 978-4-00-270937-6　　Printed in Japan